20.
APRIL

Das ist Dein Tag

DEIN STAMMBAUM

Urgroßvater | Urgroßmutter | Urgroßvater | Urgroßmutter

Großmutter

Großvater

VORNAME UND NAME:

....

GEBOREN AM:

....

Mutter

UHRZEIT:

....

GEWICHT UND GRÖSSE:

....

STADT:

....

Ich

LAND:

....

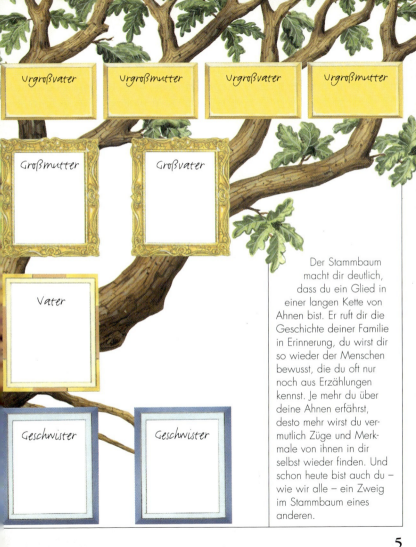

Der Stammbaum macht dir deutlich, dass du ein Glied in einer langen Kette von Ahnen bist. Er ruft dir die Geschichte deiner Familie in Erinnerung, du wirst dir so wieder der Menschen bewusst, die du oft nur noch aus Erzählungen kennst. Je mehr du über deine Ahnen erfährst, desto mehr wirst du vermutlich Züge und Merkmale von ihnen in dir selbst wieder finden. Und schon heute bist auch du – wie wir alle – ein Zweig im Stammbaum eines anderen.

Der Kreis des Kalenders

Was wären wir ohne unseren Kalender, in dem wir Geburtstage, Termine und Feiertage notieren? Julius Cäsar führte 46 v. Chr. den Julianischen Kalender ein, der sich allein nach dem Sonnenjahr richtete. Aber Cäsar geriet das Jahr ein wenig zu kurz, und um 1600 musste eine Abweichung von zehn Tagen vom Sonnenjahr konstatiert werden. Der daraufhin von Papst Gregor XII. entwickelte Gregorianische Kalender ist zuverlässiger. Erst nach 3.000 Jahren weicht er um einen Tag ab. In Europa setzte er sich jedoch nur allmählich durch. Russland führte ihn zum Beispiel erst 1918 ein, deshalb gibt es für den Geburtstag Peters des Großen zwei verschiedene Daten.

Die Zyklen von Sonne und Mond sind unterschiedlich. Manche Kulturen folgen in ihrer Zeit-

rechnung und damit in ihrem Kalender dem Mond, andere der Sonne. Gemeinsam ist allen Kalendern, dass sie uns an die vergehende Zeit erinnern, ohne die es natürlich auch keinen Geburtstag gäbe.

DER KREIS DES KALENDERS

Die Erde dreht sich von West nach Ost innerhalb von 24 Stunden einmal um ihre Achse und umkreist als der dritte von neun Planeten die Sonne. All diese Planeten zusammen bilden unser Sonnensystem. Die Sonne selbst ist ein brennender Ball aus gigantisch heißen Gasen, im Durchmesser mehr als 100-mal größer als die Erde. Doch die Sonne ist nur einer unter aberhundert Millionen Sternen, die unsere Milchstraße bilden; zufällig ist sie der Stern, der unserer Erde am nächsten liegt. Der Mond braucht für eine Erdumrundung etwa 28 Tage, was einem Mondmonat entspricht. Und die Erde wiederum dreht sich in 365 Tagen und sechs Stunden, etwas mehr als einem Jahr, um die Sonne. Das Sonnenjahr teilt sich in zwölf Monate und elf Tage, weshalb einige Monate zum Ausgleich 31 statt 30 Tage haben.

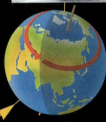

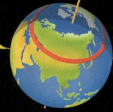

Die Erdhalbkugeln haben konträre Jahreszeiten.

So wirken die Sterne

Die Sonne, der Mond und die Planeten folgen festen Himmelsbahnen, die sie immer wieder an zwölf unveränderten Sternbildern vorbeiführen. Ein vollständiger Umlauf wird in 360 Gradschritte unterteilt. Die Sonne befindet sich etwa einen Monat in jeweils einem dieser Zeichen, was einem Abschnitt von 30 Grad entspricht. Da die meisten dieser Sternkonstellationen von alters her Tiernamen erhielten, wurde dieser regelmäßige Zyklus auch Zodiakus oder Tierkreis genannt.

Schon früh beobachteten die Menschen, dass bestimmte Sterne ganz speziell geformte, unveränderliche Gruppen bilden. Diesen Sternbildern gaben sie Namen aus dem Tierreich oder aus der Mythologie. So entstanden unsere heutigen Tierkreiszeichen, die sich in 4.000 Jahren kaum verändert haben. Die festen Himmelsmarken waren von großem praktischen Wert: Sie dienten den Seefahrern zur Navigation. Zugleich beflügelten sie aber auch die Phantasie. Die Astrologen gingen davon aus, dass die Sterne, zusammen mit dem Mond, unser Leben stark beeinflussen, und nutzten die Tierkreiszeichen zur Deutung von Schicksal und Charakter eines Menschen.

SO WIRKEN DIE STERNE

WIDDER: 21. März bis 20. April

STIER: 21. April bis 20. Mai

ZWILLING: 21. Mai bis 22. Juni

KREBS: 23. Juni bis 22. Juli

LÖWE: 23. Juli bis 23. August

JUNGFRAU: 24. August bis 23. September

WAAGE: 24. September bis 23. Oktober

SKORPION: 24. Oktober bis 22. November

SCHÜTZE: 23. November bis 21. Dezember

STEINBOCK: 22. Dezember bis 20. Januar

WASSERMANN: 21. Januar bis 19. Februar

FISCHE: 20. Februar bis 20. März

Im Zeichen des Mondes

Den Tierkreiszeichen werden jeweils bestimmte Planeten zugeordnet: Dem Steinbock ist der Planet Saturn, dem Wassermann Uranus, den Fischen Neptun, dem Widder Mars, dem Stier Venus und dem Zwilling Merkur zugeordnet; der Planet des Krebses ist der Mond, für den Löwen ist es die Sonne. Manche Planeten sind auch mehreren Tierkreiszeichen zugeordnet. So ist der Planet der Jungfrau wie der des Zwillings Merkur. Der Planet der Waage ist wie bereits beim Stier Venus. Die Tierkreiszeichen Skorpion und Schütze haben in Pluto und Jupiter ihren jeweiligen Planeten.

Der Mond wandert in etwa einem Monat durch alle zwölf Tierkreiszeichen. Das heißt, dass er sich in jedem Zeichen zwei bis drei Tage aufhält. Er gibt dadurch den Tagen eine besondere Färbung, die du als Widder anders empfindest als andere Sternzeichen.

In welchem Zeichen der Mond heute steht, erfährst du aus jedem gängigen Mondkalender. Wenn der Mond eines Widders im Zeichen **Widder** steht, sollte er sich nicht mit einem Menschen verabreden, bei dem er etwas erreichen will. Denn er wählt an diesem Tag den direktesten Weg: durch die Wand. Wenn der Mond durch den **Stier** geht,

so kann es sein, dass der Widder seine wahre Bestimmung entdeckt: Er wird zum Verschwender. Der Mond im **Zwilling** kann dazu beitragen, dass der Widder entweder tanzt bis zum Umfallen oder jedem impulsiv das sagt, was er denkt. Mond im **Krebs** macht den Widder ungewöhnlich sanft. Allerdings könnte er auch das heulende Elend bekommen. Geht der Mond durch den **Löwen**, dann erwartet den Widder etwas ganz Besonderes. An einem **Jungfrau**-Tag könnte es passieren, dass er vor lauter Arbeit krank wird. Für einen Widder auf Partnersuche sind **Waage**-Tage ideal. Sie machen ihn so unwiderstehlich. Der Mond im **Skorpion** stellt den Widder vor die Frage: Wohin mit seiner Leidenschaft? Ein **Schütze**-Tag stimmt den sonst etwas cholerischen Temperamentsbolzen großmütig. Ein **Steinbock**-Tag macht aus dem hitzigen Widder zwar keinen bedächtigen Menschen, aber eine Art besonnenen Hitzkopf. Wenn der Mond im **Wassermann** steht, kann es passieren, dass er seine Freunde ins Flugzeug verfrachtet und in Rio Champagner servieren lässt. An einem **Fische**-Tag ist der Widder verträumt und einfühlsam, verständnisvoll ... Mit einem Wort: nicht auszuhalten!

Unser Sonnensystem mit den neun Planeten

ERKENNE DICH SELBST

Der Leitsatz des Widders lautet: »Ich bin.« Der Planet Mars entspricht ihm – kein Zufall, denn er ist offen, direkt und kann rasch in Wut geraten, ohne jedoch nachtragend zu sein. Er ist ungeduldig, und weil er oft übereilt handelt, neigt er dazu, häufiger als andere Fehler zu begehen. Er hat herausragende Führungsqualitäten und kann begeistern. Doch manchmal handelt er so extrem, dass er dabei fast einen Narren aus sich macht.

Der Widder ist das erste Tierkreiszeichen im astrologischen Jahr, und er steht für neues, kraftvolles Leben. Er ist selbstbewusst und neigt gleichzeitig zu Extremen.

VIDDER

Die Tierkreiszeichen sind in drei Dekaden oder Perioden von etwa zehn Tagen unterteilt. Jede Dekade hat eine eigene Qualität. 21.3. bis 31.3.: Die in diesem Zeitraum geborenen Menschen sind häufig dickköpfige Pioniere. Die Zeit vom 1.4. bis 10.4. ist die Dekade der romantischen Abenteurer; heroische Kämpfernaturen hingegen sind typisch für die dritte Dekade vom 11.4. bis 20.4. Die Widderfarben sind Safrangelb bis Rot; ihre Duftqualität ist die Myrrhe.

Alle Tierkreiszeichen haben ihre bestimmten Glücksbringer. Der Wolf und der Hund gehören zu den Tieren, die neben dem »echten« Widder dem Tierkreiszeichen Widder zugeordnet werden. Als seine Edelsteine gelten Pyrite und Rubine. Zu seinen Pflanzen gehören der Mohn und die Distel. Rot – die Farbe des Feuers und der Erregung – ist seine Leitfarbe. Sein Element ist daher auch das Feuer in seiner Doppeldeutigkeit – verzehrend und energiegeladen. Dem willensstarken Widder entspricht der Kopf als Körperteil. Seine Glückszahlen sind die 1 und die 9; sein Tag ist der Dienstag.

MENSCHEN DEINER DEKADE

Die letzte Widderdekade wird in der Astrologie traditionell durch das Sternbild Perseus symbolisiert. Mit Flügeln an den Füßen und im Schutz eines Helms, der ihn unsichtbar machte, tötete Perseus die Gorgo Medusa, deren Blick selbst die tapfersten Männer in Stein verwandelte. Und auch die in unseren Tagen Geborenen zeigen viel Mut.

In dieser Dekade wurden einige sehr charismatische Amerikaner geboren: **Thomas Jefferson** (13. April 1743, Abb. S.15 u.), der größte Vordenker der amerikanischen Demokratie und der dritte Präsident der USA; **Butch Cassidy** (14. April 1866, Abb. u., li.), bekanntestes Mitglied der legendären Bankräuberbande Wild Bunch; der Polizist **Eliot Ness** (19. April 1902), der alles daran setzte, Al Capone zur Strecke zu bringen; und der große Komiker **Charlie Chaplin** (16. April 1889), der den heruntergekommenen Tramp spielte und damit reich wurde.

Marguerite d'Angoulême (Margarete von Navarra), die Gemahlin Heinrichs II. von Navarra, Patronin der Humanisten und Reformer, wurde ebenso in der letzten Widderdekade geboren (11. April 1492) wie die schöne und zu Unrecht berüchtigte **Lucrezia Borgia** (18. April 1480, Abb. li.).

Kim Il-Sung (15. April 1912), der erste nordkoreanische Ministerpräsident, regierte fast ein halbes Jahrhundert und machte sich selbst zum Objekt eines maßlos übertriebenen Personenkults.

Menschen deiner Dekade

Der russische Politiker **Nikita Chruschtschow**, (17. April 1894, Abb. re.), Sohn eines Bergarbeiters und Analphabeten, war selbst ein leidenschaftlicher Redner und wurde sowjetischer Ministerpräsident. Auch berühmte Sportler wurden in dieser dritten Widderdekade geboren: **Bobby Moore** (12. April 1941) führte England in der Fußballweltmeisterschaft 1966 als Kapitän zum Titel, und **Garri Kasparow** (13. April 1963), der geniale russische Schachweltmeister, besiegte sogar den besten Schachcomputer der Welt. Aus dem Bereich der Kunst und Literatur sind zu nennen: der Maler **Leonardo da Vinci** (15. April 1452), der seiner »Mona Lisa« das berühmteste Lächeln der Welt verlieh, sowie **Joan Miró** (20. April 1893), einer der größten Künstler der Moderne. Der irische Nobelpreisträger **Samuel Beckett** (13. April 1906) schrieb über die Rätselhaftigkeit der Existenz und die Verzweiflung am Leben – dies tat er jedoch mit viel Humor.

Ein aussergewöhnlicher Mensch

Napoleon III. wurde am 20. April 1808 in Paris geboren. Er war überzeugt, daß er dazu bestimmt sei, statt des Bürgerkönigs Ludwig Philipp zu herrschen, und versuchte 1836 und 1840 die Kontrolle über Frankreich zu gewinnen. Beide Putschversuche schlugen fehl und er wurde zu lebenslänglicher (allerdings großzügig gehandhabter) Festungshaft verurteilt, aus der er 1846 nach London entkommen konnte. Dort wartete er geduldig auf eine Gelegenheit, nach Frankreich zurückzukehren.

Diese Gelegenheit bot sich bereits zwei Jahre später, während der Junischlacht von Paris, im Sommer 1848, denn die allgemeine Unsicherheit verlangte nach einer festen Hand. Napoleon kehrte zurück und wurde Ende 1848 zum Präsidenten der Zweiten Republik gewählt. Da die Amtszeit laut Verfassung auf vier Jahre festgelegt war, löste er Ende 1851 das Parlament auf und ließ sich ein Jahr später zum Kaiser ausrufen.

20. April

Während der nächsten zehn Jahre war Napoleon bemüht, Erfolge vorzuweisen. Er heiratete eine bildschöne Spanierin, die ihm 1856 den Thronfolger Louis gebar. Die Weltausstellung in Paris im Jahr 1855 war einer der Glanzpunkte seiner Regierungszeit.

Zum Sturz Napoleons und damit auch zum Ende des Zweiten Kaiserreichs führte letztendlich seine Außenpolitik. Er mischte sich in die spanischen Belange ein, versuchte – mit verheerendem Ausgang –, Mexiko zu regieren und erklärte 1870 Preußen den Krieg, den er schon einen Monat später bei Sedan verlor. Napoleon geriet im September in preußische Gefangenschaft, lebte dann ab 1871 im britischen Exil und starb dort am 9. Januar 1873.

An diesem ganz besonderen Tag

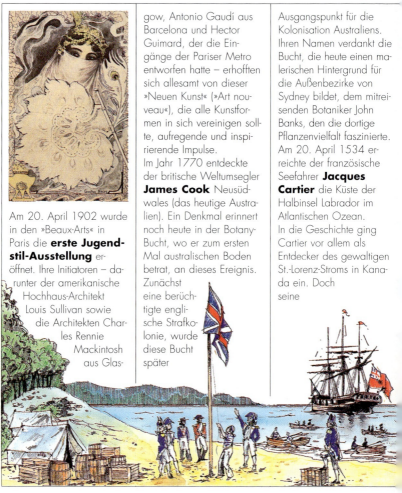

Am 20. April 1902 wurde in den »Beaux-Arts« in Paris die **erste Jugendstil-Ausstellung** eröffnet. Ihre Initiatoren – darunter der amerikanische Hochhaus-Architekt Louis Sullivan sowie die Architekten Charles Rennie Mackintosh aus Glasgow, Antonio Gaudí aus Barcelona und Hector Guimard, der die Eingänge der Pariser Metro entworfen hatte – erhofften sich allesamt von dieser »Neuen Kunst« (»Art nouveau«), die alle Kunstformen in sich vereinigen sollte, aufregende und inspirierende Impulse.

Im Jahr 1770 entdeckte der britische Weltumsegler **James Cook** Neusüdwales (das heutige Australien). Ein Denkmal erinnert noch heute in der Botany-Bucht, wo er zum ersten Mal australischen Boden betrat, an dieses Ereignis. Zunächst eine berüchtigte englische Strafkolonie, wurde diese Bucht später Ausgangspunkt für die Kolonisation Australiens. Ihren Namen verdankt die Bucht, die heute einen malerischen Hintergrund für die Außenbezirke von Sydney bildet, dem mitreisenden Botaniker John Banks, den die dortige Pflanzenvielfalt faszinierte.

Am 20. April 1534 erreichte der französische Seefahrer **Jacques Cartier** die Küste der Halbinsel Labrador im Atlantischen Ozean. In die Geschichte ging Cartier vor allem als Entdecker des gewaltigen St.-Lorenz-Stroms in Kanada ein. Doch seine

20. April

Forschungsreisen brachten ihm nicht den erhofften Erfolg. Denn von den Diamanten und dem Gold, die er in der Nähe des heutigen Quebec entdeckt zu haben glaubt, erwiesen sich die »Diamanten« als Quarz und das »Gold« als Eisenkies (Phyrit).

Auch **der höchste Termitenbau der Welt** mit einer unglaublichen Höhe von 8,7 Metern wurde an einem 20. April entdeckt – 1968 in Somalia.
Im Jahr 1902 isolierte das französische Wissenschaftler-Ehepaar **Marie und Pierre Curie** das radioaktive Element Radium – ein Meilenstein in der Kernphysik und der Nuklearchemie. Die starke Strahlenbelastung führte jedoch 1934 zum Tod

von Marie Curie, die 1903 als erste Frau den Nobelpreis für Physik und im Jahr 1911 den Nobelpreis für Chemie erhalten hatte.

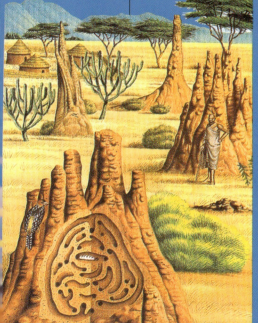

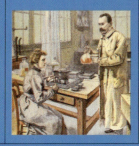

EDGAR POË

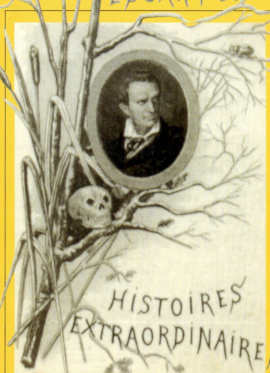

Am 20. April des Jahres 1841 veröffentlichte der berühmte amerikanische Schriftsteller Edgar Allan Poe seine erste Kriminalgeschichte. Sie trug den Titel *Der Doppelmord*

Poes Figur des Detektivs Auguste Dupin, der das Tageslicht mied und seine Fälle mit Hilfe seines ungewöhnlichen Einfühlungsvermögens sowie eines anonymen Begleiters – ähnlich Holmes' Watson – löste, diente später vielen anderen Autoren als Vorlage. So beeinflusste Edgar Allan Poe die Entwicklung der Kriminalliteratur nachhaltig. Der englische Erzähler Lawrence äußerte einmal über Poe, dieser habe »in den Gewölben, Kellern und schrecklichen unterirdischen Gängen der menschlichen Seele gestöbert«. Poes Vergangenheit mag dazu vielleicht das Ihrige beigetragen haben: Im Alter von noch nicht ganz drei Jahren wurde er Vollwaise, nachdem sein Vater 1810 und seine Mutter 1811 – beides erfolglose Schauspieler mit sehr dürftigen Gagen – gestorben waren. Von seinem Vormund John Allan wurde Poe dann in Richmond im US-Bundesstaat Virginia

Ein Tag, den keiner vergisst

in der Rue Morgue. Dabei trat, als erster Detektiv der Literaturgeschichte, Auguste Dupin in Aktion, um den Mord an zwei Frauen aufzuklären. Poe verlegte die Handlung nach Frankreich, da dort damals bereits moderne Ermittlungsmethoden eingesetzt wurden.

und später in England aufgezogen. Von der Universität verwiesen und auch aus der Militärakademie West Point ausgeschlossen, ging Poe mit 24 nach Baltimore, um sich dort als Autor durchzuschlagen. Ab 1835 arbeitete er als Journalist. Er wurde später Herausgeber mehrerer Literaturzeitschriften, in denen er viele seiner bekannten Geschichten veröffentlichte.

ENTDECKT & ERFUNDEN

Jeden Monat – manchmal sogar jeden Tag – werden große oder kleine Dinge erfunden, die unser tägliches Leben verändern. Auch der April bildet da keine Ausnahme ...

Das **Jo-Jo** wurde von dem amerikanischen Spielzeughersteller Louie Marx erfunden und am 1. April des Jahres 1929 erstmals auf den Markt gebracht. Seither verkauft es sich millionenfach. Am 15. April 1955 gründete der Verkäufer Ray Kroc die heute weltbekannte Restaurantkette **McDonald's**. Per Zufall war Kroc 1954 im kalifornischen San Bernadino auf den Hamburgerstand von Richard und Maurice McDonald gestoßen. Sofort erkannte er die riesigen Marktchancen. Ray Kroc, der 1983 starb, nutzte die Methoden der Massenproduktion und machte so aus dem Mc Donald Burger das erfolgreichste Fastfoodprodukt aller Zeiten. Am 21. April 1913 ließ sich der amerikanische Erfinder Gideon Sunback, der aus Schweden stammte, den **Reißverschluss** patentieren. Seine Erfindung geht auf einen ersten erfolglosen Ansatz aus dem Jahr 1893 zurück. Damals hatte ein gewisser Whitcomb Judson versucht, Schuhreissverschlüsse auf den Markt zu bringen, was ihm aller-

ENTDECKT & ERFUNDEN

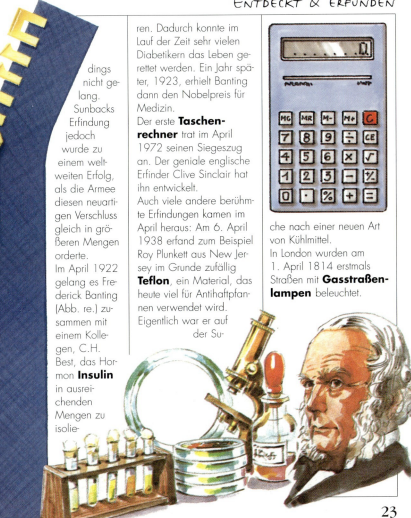

dings nicht gelang. Sunbacks Erfindung jedoch wurde zu einem weltweiten Erfolg, als die Armee diesen neuartigen Verschluss gleich in größeren Mengen orderte.
Im April 1922 gelang es Frederick Banting (Abb. re.) zusammen mit einem Kollegen, C.H. Best, das Hormon **Insulin** in ausreichenden Mengen zu isolieren. Dadurch konnte im Lauf der Zeit sehr vielen Diabetikern das Leben gerettet werden. Ein Jahr später, 1923, erhielt Banting dann den Nobelpreis für Medizin.
Der erste **Taschenrechner** trat im April 1972 seinen Siegeszug an. Der geniale englische Erfinder Clive Sinclair hat ihn entwickelt.
Auch viele andere berühmte Erfindungen kamen im April heraus: Am 6. April 1938 erfand zum Beispiel Roy Plunkett aus New Jersey im Grunde zufällig **Teflon**, ein Material, das heute viel für Antihaftpfannen verwendet wird. Eigentlich war er auf der Suche nach einer neuen Art von Kühlmittel.
In London wurden am 1. April 1814 erstmals Straßen mit **Gasstraßenlampen** beleuchtet.

23

Im Rhythmus der Natur

Zweimal im Jahr machen sich die Schwalben auf ihre weite Reise: Im Herbst fliegen sie in den warmen Süden Afrikas, um im Frühling den langen Weg zurück nach Europa anzutreten. Schwalben haben einen langen, gegabelten Schwanz und sehr große Flügel. Sie sind hervorragende Flugkünstler. Ihr Federkleid ist blau- bis schwarzglänzend.

Die Obstbäume blühen, der Frühling steht vor der Tür – eine Zeit des kraftvollen Neubeginns in der Natur. Die Rückkehr der Schwalbe gilt weltweit als sicherster Vorbote wärmeren Wetters.

FRÜHLING

Die japanische Zierkirsche gehört inzwischen auch in unseren Breiten zum Bild des Frühlings. Der Baum stammt ursprünglich aus China und spielt dort als Symbol nationaler Identität eine wichtige Rolle. Auch als Bildmotiv ist der Baum allgegenwärtig, so zum Beispiel auf der oben abgebildeten Spielkarte.

Im Frühling fliegen die Bienen und andere Insekten von Blüte zu Blüte, saugen deren Nektar ein und bestäuben sie. Es ist die Zeit der Fortpflanzung im Tierreich. Manche Vögel legen Tausende von Kilometern zurück, um ihren Partner zu finden. Im März machen sich die Weibchen der Spermwale auf den langen Weg von den arktischen Meeren bis nach Sri Lanka, um auf die Männchen ihrer Art zu treffen. Seehundweibchen wiederum zieht es in dieser Jahreszeit von Grönland an die Küsten Kanadas, um dort an Land ihre Jungen zur Welt zu bringen, die dann leider allzu häufig als Beute von Felljägern enden.

25

SO FEIERT DIE WELT

April, der Monat der Wiedergeburt und der Erneuerung, ist auf der ganzen Welt ein Monat voller Feste und Feiern, die allesamt auf die eine oder andere Art mit dem beginnenden Frühjahr zu tun haben. Für Christen ist Ostern das zentrale Fest. Karfreitag und Ostersonntag sind die wichtigsten christlichen Feiertage, weil an diesen Tagen Christus gekreuzigt wurde und dann wiederauferstanden ist. Im Unterschied zu anderen christlichen Festen ist Ostern beweglich: Es fällt immer auf den ersten Sonntag nach dem ersten Vollmond, der auf den Frühlingsanfang folgt.
Die Juden feiern im April das Passah-Fest, das an ihren Auszug aus Ägypten erinnert, wo das jüdische Volk viele Jahre in Knechtschaft verbracht hatte. Das achttägige Fest beginnt mit der Seder-Nacht, in der traditionsgemäß jeder Vater seinen Kindern die Geschichte von Moses, den Zehn Plagen und der wundersamen Durchquerung des Roten Meeres erzählt.
In Südostasien feiern die Buddhisten, deren Kalender sich nach dem Mond richtet, ihr Neujahrsfest. Jeder Gläubige nimmt ein rituelles Bad und zieht sich neue Kleider an, was die Reinigung von Körper und Seele mit dem Beginn des neuen Jahres symbolisiert. Wasser ist bei dieser Feier von sehr großer Bedeutung. Bisweilen bespritzen die Menschen einander damit und sind dankbar für die willkommene Erfrischung, da in diesen Breiten April der heißeste Monat des Jahres ist. In Thailand wird Songkran gefeiert, wobei sogar Häuser, Statuen und Tempel »gebadet« werden. In Birma nennt man es das Thingyan-Fest (Fest des Wandels), und es dauert drei Tage. Auch in Chinas Yunnan-Provinz wird

26

FESTE IM APRIL

Mitte April traditionell Wasser verspritzt, um die Trauer und die Sorgen wegzuwaschen.

Doch nicht alle Feste sind religiöser Art: Die spanischen Ferias gehen auf Viehmärkte im 13. Jahrhundert zurück. Die berühmteste Feria ist die von Sevilla. Sie läutet eine Zeit der Festivals ein, die drei Monate dauert und während der auch alle umliegenden Dörfer ihre eigenen Feste veranstalten. In Sevilla wird es traditionsgemäß mit einem Stierkampf eröffnet. Die andalusischen Reiter

lassen sich auf ihrem Ritt durch die Stadt gern von unzähligen Zuschauern bewundern. Schließlich werden im April auch einige Erntefeste gefeiert, zum Beispiel das Fest des Heiligen Georg, das am 23. April stattfindet und besonders auf Kreta, in Polen und in Spanien begangen wird.

Die Idee für den Tag

Material:

20 mm dickes Fichtenholz (Körper)
3 mm dickes Sperrholz (Flügel)
Vierkantholz, 25 x 25 x 250 mm
Rundhölzer mit Ø 10 und 20 mm
2 Messingrohre (Ø 5 mm, je 25 mm lang),
2 Unterlegscheiben
2 Schrauben, 3,5 x 60 mm

❶ **Teile aussägen**

❷ **Drehmechanismus**

❸ **Flügel befestigen**

1. Einzelteile aussägen
Körper aus Fichtenholz und 4 Flügel aus Sperrholz aussägen, die Kanten schleifen. In der angegebenen Dicke je ein Loch (Ø 20 mm, 1) für die Flügelbefestigung und ein Loch (Ø 10 mm, 2) für das Standholz bohren.

2. Drehmechanismus anfertigen
Vom Vierkantholz 2 je 11 cm lange Stücke abschneiden, die Enden 2 cm tief diagonal, jeweils um 180 Grad versetzt, zum Einschieben der Flügel einsägen. Mittig durch die Hölzer je ein Loch (Ø 5 mm) bohren. Die Messingrohre in die Bohrungen stecken. Schraube durch eine Unterlegscheibe, dann durch das Messingrohr schieben und in ein 14 cm langes Rundholz (Ø 20 mm) mittig einschrauben. Rundholz durch die Bohrung im Körper stecken, andere Seite gegengleich befestigen.

3. Flügel befestigen und Windspiel bemalen
Flügel in die Einschnitte an den Vierkanthölzern stecken, eventuell mit Kleber fixieren. Hahn auf das zweite Standholz stecken. Nach Belieben bemalen.

WINDSPIEL

Der Lenz

Da kommt der Lenz, der schöne Junge,
Den alles lieben muß,
Herein mit einem Freudensprunge
Und lächelt seinen Gruß;

Und schickt sich gleich mit frohem Necken
Zu all den Streichen an,
Die er auch sonst dem alten Recken,
Dem Winter, angethan.

Nikolaus Lenau